I0018696

Mohame

Contrôle d'un Robot Mobile par Réseaux de Neurones Dynamiques

Mohamed Maamar Benyoub

Contrôle d'un Robot Mobile par Réseaux de Neurones Dynamiques

Éditions universitaires européennes

Impressum / Mentions légales

Bibliografische Information der Deutschen Nationalbibliothek: Die Deutsche Nationalbibliothek verzeichnet diese Publikation in der Deutschen Nationalbibliografie; detaillierte bibliografische Daten sind im Internet über http://dnb.d-nb.de abrufbar. Alle in diesem Buch genannten Marken und Produktnamen unterliegen warenzeichen-, marken- oder patentrechtlichem Schutz bzw. sind Warenzeichen oder eingetragene Warenzeichen der jeweiligen Inhaber. Die Wiedergabe von Marken, Produktnamen, Gebrauchsnamen, Handelsnamen, Warenbezeichnungen u.s.w. in diesem Werk berechtigt auch ohne besondere Kennzeichnung nicht zu der Annahme, dass solche Namen im Sinne der Warenzeichen- und Markenschutzgesetzgebung als frei zu betrachten wären und daher von jedermann benutzt werden dürften.

Information bibliographique publiée par la Deutsche Nationalbibliothek: La Deutsche Nationalbibliothek inscrit cette publication à la Deutsche Nationalbibliografie; des données bibliographiques détaillées sont disponibles sur internet à l'adresse http://dnb.d-nb.de.

Toutes marques et noms de produits mentionnés dans ce livre demeurent sous la protection des marques, des marques déposées et des brevets, et sont des marques ou des marques déposées de leurs détenteurs respectifs. L'utilisation des marques, noms de produits, noms communs, noms commerciaux, descriptions de produits, etc, même sans qu'ils soient mentionnés de façon particulière dans ce livre ne signifie en aucune façon que ces noms peuvent être utilisés sans restriction à l'égard de la législation pour la protection des marques et des marques déposées et pourraient donc être utilisés par quiconque.

Coverbild / Photo de couverture: www.ingimage.com

Verlag / Editeur:
Éditions universitaires européennes
ist ein Imprint der / est une marque déposée de
OmniScriptum GmbH & Co. KG
Heinrich-Böcking-Str. 6-8, 66121 Saarbrücken, Deutschland / Allemagne
Email: info@editions-ue.com

Herstellung: siehe letzte Seite /
Impression: voir la dernière page
ISBN: 978-3-8417-8008-9

Copyright / Droit d'auteur © 2013 OmniScriptum GmbH & Co. KG
Alle Rechte vorbehalten. / Tous droits réservés. Saarbrücken 2013

A mes parents

A ma femme

Et A mon frère et mes sœurs

Cette page a été laissée intentionnellement blanche

Table des matières

Liste des figures et des tableaux

6

INTRODUCTION

L'être humain est connu par son autonomie de réflexion et d'action. Quelles informations et quel type de raisonnement utilise-il pour planifier ses mouvements? Est-ce facile à formaliser et à transmettre aux robots? Pour les équipes de robotique, répondre à ces questions devient un objectif principal de recherche. Après tout, si n'importe quel animal – pas aussi intelligent – peut bouger avec succès dans un environnement non structuré, nous devons être capables d'enseigner à nos robots d'en faire autant. Plusieurs chercheurs travaillent sur ce point, séparément et en groupes, chacun avec l'outil qu'il maîtrise.

Ce mémoire présente notre contribution à la construction du « robot mobile autonome » en essayant de lui transmettre les connaissances (capacités) que possède l'homme en termes de navigation et d'exploration. Dans l'exploration, on exige du robot de couvrir, tout en se déplaçant, un maximum d'espace dans une zone inconnue. Le robot doit donc posséder la capacité de mémorisation, de localisation et, bien sûr, celle d'éviter les obstacles. Les réseaux de neurones dynamiques ont montré leurs capacités en termes d'apprentissage, de contrôle et de mémorisation.

En modélisant les connaissances humaines par un réseau de neurones dynamique, notre objectif est de concevoir un système de contrôle de robot d'exploration totalement autonome.

I.   ROBOTIQUE MOBILE

D ans certaines langues slaves le mot «robota» signifie «travail». Lorsque, en 1921, l'écrivain tchèque Karel Capek avait besoin d'un nouveau nom pour sa pièce RUR (Rossum's Universal Robots), qui présentait une machine qui pourrait travailler comme un être humain, mais d'une façon quelque peu mécanique, il n'avait besoin que de suivre la grammaire slave: enlevant le "a" à la fin de "robota", ce qui a non seulement produit un nouveau mot avec un sens similaire, mais a fait passer le genre du

Dans ce chapitre
* * *

➢ Définitions
➢ Robots mobiles
➢ Exemples d'Application
➢ Schéma fonctionnel
➢ Système de Conduite
➢ Perception
➢ Contrôle de robot
➢ Modélisation
➢ Conclusion

* * *

féminin au masculin. C'était juste ce que Capek voulait pour ses machines agressives qui ont fini par se révolter contre l'humanité.

I.1 Définitions

Il existe de nombreuses définitions d'un robot. Le dictionnaire *Webster* le définit comme suit:

> *Un robot est un appareil ou dispositif automatique qui remplit des fonctions normalement attribuées à l'homme, ou fonctionne avec ce qui semble être l'intelligence presque humaine.*

Parmi les idées fausses que la société accorde aux différentes technologies, la robotique est peut-être la plus malheureuse. Il est universellement cru que les robots ressemblent de près aux êtres humains. La définition de l'*Encyclopaedia Britannica* souligne qu'un robot ne doit pas forcément ressembler à un être humain:

> *Robot: Une machine à commande automatique qui remplace l'effort humain, mais il ne doit pas forcement ressembler aux êtres humains en apparence ni exécuter des tâches d'une manière humanoïde.*

Ces définitions sont vagues et un peu présomptueuses pour ce qui est et n'est pas «l'intelligence humaine» ou «manière humanoïde ».

L'Institut de Robotique de l'Amérique ajoute un jargon technique et met l'accent sur la capacité du robot de passer d'une tâche à l'autre:

> *Un robot est un bras manipulateur programmable multifonctionnel conçu pour déplacer des matériaux, pièces, outils ou des dispositifs spécialisés grâce à des mouvements programmés pour l'exécution d'une variété de tâches.*

Cette définition laisse aussi un sentiment d'insatisfaction. Insistant uniquement sur les "bras manipulateurs" est probablement d'une omission: Qui doute que les véhicules mobiles envoyés à mars sont des robots ? Mais «multifonctionnel»?

N'est-il pas possible de concevoir un robot destiné uniquement au soudage de pièces d'automobile?

Une bonne définition tend à éviter de mentionner explicitement les éléments nécessaires. Celle-là devrait être implicite et doit laisser assez de place pour l'innovation. Implicites, comme la définition du professeur Alain PRUSKI (PRUSKI, 1996) :

> *Un Robot est un système automoteur, disposant de moyens de traitement de l'information et de moyens matériels pour pouvoir exécuter un certain nombre de tâches précises, dans un environnement non complètement connu à l'avance.*

La notion d'autonomie de déplacement (automoteur) est liée à la fois à la capacité de la machine de se déplacer sur le sol et d'embarquer suffisamment d'énergie pour ce faire ; Un système avec un haut niveau d'autonomie est un système qui peut être oublié (négligé) pour une longue période de temps sans avoir besoin d'interaction humaine. (Goodrich, 2007)

I.2   Robots mobiles

De manière générale, on regroupe sous l'appellation robots mobiles l'ensemble des robots à base mobile, par opposition notamment aux robots 'bras manipulateurs'. L'usage veut néanmoins que l'on désigne le plus souvent par ce terme les robots mobiles à roues. Les autres robots mobiles sont en effet le plus souvent désignés par leur type de locomotion, qu'ils soient marcheurs, sous-marins ou aériens.

On peut estimer que les robots mobiles à roues constituent le gros des robots mobiles. Historiquement, leur étude est venue assez tôt, suivant celle des robots manipulateurs, au milieu des années 70. Leur faible complexité en a fait de bons premiers sujets d'étude pour les roboticiens intéressés par les systèmes autonomes. Cependant, malgré leur simplicité apparente, ces systèmes ont soulevé un grand nombre de problèmes difficiles. Nombre de ceux-ci ne sont d'ailleurs toujours pas résolus. Ainsi, alors que les robots manipulateurs se sont aujourd'hui généralisés dans l'industrie, rares sont les applications industrielles qui utilisent des robots mobiles. Si l'on a vu depuis peu apparaitre quelques produits manufacturiers ou grand public (aspirateur intelligent), l'industrialisation de ces systèmes bute sur divers problèmes délicats. Ceux-ci viennent essentiellement du fait que, contrairement aux robots manipulateurs prévus pour travailler exclusivement dans des espaces connus et de manière répétitive, les robots mobiles sont destinés à évoluer de manière autonome dans des environnements peu ou pas connus.

Néanmoins, l'intérêt indéniable de la robotique mobile est d'avoir permis d'augmenter considérablement nos connaissances sur la localisation et la navigation de systèmes autonomes. La gamme des problèmes potentiellement soulevés par le plus simple des robots mobiles à roues en fait un sujet d'étude à part entière et forme une excellente base pour l'étude de systèmes mobiles plus complexes.

I.3 Exemples d'Application

Aujourd'hui, le marché commercial de la robotique mobile est toujours relativement restreint, mais il existe de nombreuses perspectives de développement qui en feront probablement un domaine important dans le futur. Les applications des robots peuvent se trouver dans de nombreuses activités "ennuyeuses, salissantes ou dangereuses" (3D's en anglais pour Dull, Dirty, Dangerous), mais également pour des applications ludiques ou de service, comme l'assistance aux personnes âgées ou handicapées. Parmi les domaines concernés, citons :

- Service → Asimo Honda (a) / Helpmate aide-médecin (d)

- Loisir → Aibo Sony (b)

- Environnement dangereux → Sojourner spatial (f) / SuperDroid-UM4 (e) militaire

- La robotique de recherche → iCreate (g) / Khepera (c)

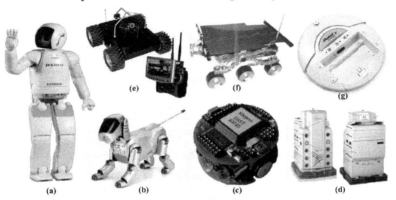

Figure 1 - Exemples de robots mobiles utilisés dans différents domaines

I.4   Schéma fonctionnel d'un robot mobile

Le schéma fonctionnel, appelé aussi schéma-bloc ou schéma de principe, est la représentation graphique simplifiée d'un procédé relativement complexe impliquant plusieurs unités ou étapes.

Le schéma-bloc d'un robot mobile est donné par la Figure 2. Le robot doit être mobile, ce qui implique des roues, pattes ou patins. Même en se limitant aux solutions à roues, une très grande variété de mouvement est possible.

12

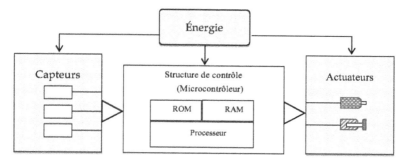

Figure 2 - Schéma-bloc d'un robot mobile

L'autonomie énergétique implique une source d'énergie locale pour laquelle aucune solution satisfaisante n'existe. Les prototypes de laboratoire sont fréquemment alimentés par des fils, pour permettre de mieux se concentrer sur les autres problèmes.

Le processeur doit commander les Actuateurs à partir de l'information reçue des capteurs. Le programme est chargé dans une mémoire non volatile (ROM) et les variables sont stockées en RAM.

L'autonomie dans les déplacements implique des capteurs d'obstacles et des moyens de repérage. L'information donnée par les capteurs est numérisée pour pouvoir être traitée par le processeur.

Les actuateurs ou actionneurs, en général des moteurs électriques, sont commandés par le programme principal du processeur. Dans les grandes lignes, un niveau réflexe permet une réaction rapide aux dangers de l'environnement. Un deuxième niveau définit le comportement général, en fonction de la tâche à accomplir.

I.5   Système de Conduite

Pour pouvoir se déplacer dans son environnement, le robot doit posséder un système de conduite. Un système de conduite est composé de roues ou de jambes, en principe un mécanisme qui fait déplacer le robot. Connaitre les effets des actions exécutées par le système de conduite donne une indication directe de l'endroit du véhicule après l'exécution de ces actions, cela s'appelle la *cinématique*.

Le modèle du robot mobile choisi est du type *différentiel* (Jasmin Velagic, 2008) , c'est-à-dire, robots possédants deux roues motrices, les roues étant contrôlées indépendamment par deux moteurs. Ce type de configuration, en dépit de sa simplicité, autorise un large champ de mouvement (Figure 3).

Cependant, même si notre travail cible cette configuration de robot particulière, la majeure partie des informations s'appliquent à beaucoup d'autres modèles.

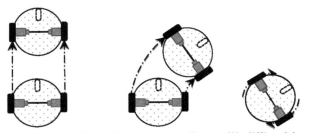

Figure 3 - Champs de mouvements d'un modèle différentiel

I.6   Perception

La notion de perception en robotique mobile est relative à la capacité du système à recueillir, traiter et mettre en forme des informations utiles au robot pour agir et réagir dans le monde qui l'entoure. Alors que pour des taches de manipulation on peut considérer que l'environnement du robot est relativement structuré, ce n'est plus le cas lorsqu'il s'agit de naviguer de manière autonome dans des lieux très partiellement connus. Aussi, pour extraire les informations utiles à l'accomplissement de sa tâche, il est nécessaire que le robot dispose de nombreux capteurs mesurant aussi bien son état interne que l'environnement dans lequel il évolue. Le choix des capteurs dépend bien évidemment de l'application envisagée.

I.6.1 Capteurs

En robotique mobile, on classe traditionnellement les capteurs en deux catégories selon qu'ils mesurent l'état du robot lui-même ou l'état de son environnement. Dans le premier cas, à l'image de la perception chez les êtres vivants, on parle de proprioception et donc de *capteurs proprioceptifs*. On trouve par exemple dans cette catégorie les capteurs de position ou de vitesse des roues et les capteurs de charge de la batterie. Les capteurs renseignant sur l'état de l'environnement, donc de ce qui est extérieur au robot lui-même, sont eux appelés *capteurs extéroceptifs*. Il s'agit de capteurs donnant la distance du robot à l'environnement, la température, signalant la mise en contact du robot avec l'environnement, etc.

I.6.1.1 *Mesure de la rotation des roues*

Chaque roue motrice d'un robot mobile est généralement associée à un servomoteur. Celui-ci est équipe d'un dispositif de mesure de rotation à l'aide d'un capteur disposé sur l'axe lui-même. Il s'agit d'un capteur proprioceptif, car il renseigne sur la position, c'est à dire sur l'état interne du système.

I.6.1.2 Mesure de la position : le GPS

Il existe très peu de systèmes donnant la position absolue d'un point dans un repère fixe donné. Le GPS (Global Positioning System), initialement développé pour les applications militaires est actuellement à la disposition du grand public. Le GPS fonctionne avec un ensemble de satellites, qui effectuent des émissions synchronisées dans le temps. Par recoupement des instants d'arrivée des signaux et de la position des satellites émetteurs, les récepteurs peuvent calculer leur position. Le principe de calcul de la position est basé sur une triangulation, à l'aide de quatre signaux reçus simultanément (le quatrième signal assure la robustesse de la mesure).

I.6.1.3 Mesure de l'orientation

Gyromètres. Les gyromètres sont des capteurs proprioceptifs qui permettent de mesurer l'orientation du corps sur lequel ils sont placés, ceci par rapport à un référentiel fixe et selon un ou deux axes. Montés sur un robot mobile, un gyromètre à un axe permet donc de mesurer son orientation.

Compas et boussoles. Les compas et les boussoles fournissent une information d'orientation par rapport à une référence fixe (nord magnétique typiquement).

I.6.1.4 Mesure de proximité et de distance

On appelle télémétrie toute technique de mesure de distance par des procédés acoustiques, optiques ou radioélectriques. L'appareil permettant de mesurer les distances est lui appelé télémètre. De même qu'il existe différentes techniques de mesure de distance (mesure du temps de vol d'une onde, triangulation), il existe différentes technologies pour réaliser des télémètres. Nous présentons ici les plus répandues en robotique mobile, en donnant une idée de leur gamme de mesure et d'application. Tous les capteurs télémétriques, basés sur des mesures de l'environnement, sont bien évidemment actifs et extéroceptifs.

Capteurs infrarouges. Les capteurs infrarouges sont constitués d'un ensemble émetteur/récepteur fonctionnant avec des radiations non visibles, dont la longueur d'onde est juste inférieure à celle du rouge visible. La mesure des radiations infrarouges étant limitée et, en tout état de cause, la qualité très dégradée au-delà d'un mètre, ces dispositifs ne servent que rarement de télémètres. On les rencontrera le plus souvent comme détecteurs de proximité, ou dans un mode encore plus dégradé de présence. Il faut noter que ce type de détection est sensible aux conditions extérieures, notamment à la lumière ambiante, à la spécularité des surfaces sur lesquelles se réfléchissent les infrarouges, à la température et même à la pression ambiante.

Capteurs ultrasonores. Les capteurs ultrasonores utilisent des vibrations sonores dont les fréquences ne sont pas perceptibles par l'oreille humaine. Les fréquences couramment utilisées dans ce type de technologie vont de 20 kHz à 200 kHz. Les ultrasons émis se propagent dans l'air et sont réfléchis partiellement lorsqu'ils heurtent un corps solide, en fonction de son impédance acoustique. L'écho en retour prend la forme d'une onde de pression à l'image des vaguelettes circulaires déformant la surface de l'eau lorsqu'on y jette une pierre. La distance entre la source et la cible peut être déterminée en mesurant le temps de vol séparant l'émission des ultrasons du retour de l'écho.

Télémètres laser. Les télémètres laser sont à ce jour le moyen le plus répandu en robotique mobile pour obtenir des mesures précises de distance. Leur principe de fonctionnement est le suivant. A un instant donné, une impulsion lumineuse très

17

courte est envoyée par l'intermédiaire d'une diode laser de faible puissance. La réflexion de cette onde donne un écho qui est détecté au bout d'un temps proportionnel à la distance capteur-obstacle. La direction des impulsions est modifiée par rotation d'un miroir, l'angle de balayage couvrant généralement entre 100 et 180 degrés.

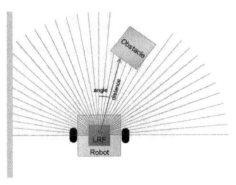

Figure 4 - Télémétrie laser et détection d'obstacles

La portée du capteur dépend de la réflectivité des milieux rencontrés, mais une valeur typique de 8 à 30 mètres est atteinte avec un télémètre de bonne qualité. Outre, cette portée relativement satisfaisante pour une application de navigation à basse vitesse, les autres performances de ces capteurs en termes de précision de mesure, de résolution angulaire et de stabilité en température font d'eux les meilleurs télémètres pour la robotique mobile.

I.7   Contrôle des Robots Mobiles

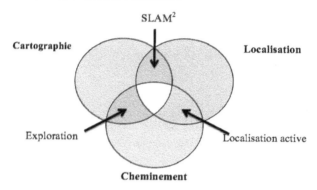

Figure 5 - Problèmes correspondants au contrôle de robot mobile

Dans la robotique mobile, le contrôle correspond à trois types de problème (scénarios), la localisation, le cheminement et l'exploration. L'intersection de ces trois problèmes produit trois autres interclasses comme le montre la Figure 5.

Pour des raisons pratiques, on est plus intéressé dans ce mémoire par le problème de l'exploration est celui du cheminement

I.7.1 Localisation

Le problème de la localisation robot consiste à répondre à la question Où suis-je? Cela signifie que le robot doit trouver son emplacement par rapport à son environnement. Lorsqu'on parle d'emplacement, ou de position on entend dire les coordonnées x et y et la direction θ du robot dans un système de coordonnées global R. Le problème de localisation est un élément clé de succès dans de

---

[1] SLAM: Simultaneous Localization and Mapping (Localisation et cartographie simultanées)

nombreux systèmes robotiques autonomes. Si un robot ne sait pas où il se trouve relativement à son environnement, il lui est difficile de décider quoi faire. Par certains auteurs, le problème de localisation robot a été déclaré comme le « problème le plus fondamental de la robotique mobile»

I.7.2 Cheminement

Le cheminement, couramment appelée *pathfinding*, est un problème de l'intelligence artificielle qui se rattache plus généralement au domaine de la planification et de la recherche de solution. Il consiste à trouver comment se déplacer, dans un environnement connu ou pas, entre un point de départ *A* et un point d'arrivée *B* en prenant en compte différentes contraintes. Résoudre ce genre de problème serait de trouver la suite de commandes qu'il faut émettre vers le Système de Conduite afin d'atteindre un but tout en évitant la collision avec des obstacles.

À la base, un problème de cheminement peut se ramener à un problème de recherche du meilleur chemin entre deux nœuds dans un graphe. Il existe un ensemble d'algorithmes classiques pour résoudre ce type de problème. Parmi ces derniers on cite l'algorithme A* (A-Star), l'algorithme de Dijkstra.

I.7.3 Cartographie

Le problème de la cartographie robotique est celui de l'acquisition d'un modèle spatial de l'environnement d'un robot (Thrun, 2002). L'objectif pour un robot est d'être en mesure de construire une carte ou un plan du terrain.

Afin d'acquérir une carte, le robot doit posséder des capteurs qui lui permettent de percevoir le monde extérieur. Capteurs comme des caméras, télémètres, sonar, laser, infrarouge, radar, capteurs tactiles, compas, GPS etc. Cependant, tous ces capteurs sont sujets à des erreurs, souvent appelés bruit de mesure. Plus important encore, la plupart des capteurs du robot sont soumis à des limitations strictes gamme. Par exemple, la lumière et le son ne peut pas traverser les murs. A cause de ces limitations gamme, il est nécessaire pour un robot de naviguer dans son environnement lors de la construction d'une carte.

I.7.4 L'exploration

En robotique, le problème d'exploration a été étudié depuis les années 1950. Il porte sur l'utilisation d'un robot afin de maximiser les connaissances sur un endroit (zone) particulier. Il se pose dans le cas de la cartographie ou dans la recherche et le sauvetage, là, où un environnement pourrait être dangereux ou inaccessibles à l'homme. L'exploration robotique tire sa connaissance de différents domaines comme la théorie de la décision et la récolte d'information. Elle se trouve a mis chemin entre le problème de cheminement et celui de la cartographie (Figure 5) et a été définie （Yamauchi, 1997） comme la maximisation de la surface totale couverte par les sondes du robot.

Les premiers travaux dans l'exploration robotique ont été faits dans le cadre de simples automates à états finis, où des algorithmes ont été conçus pour distinguer les différents états dans l'automate. L'état de l'art actuel comprend des techniques de pointe en matière de localisation et la cartographie simultanée (SLAM), et l'exploration coopérative multi-agents.

Parmi les méthodes nous citons deux méthodes référence très souvent invoquées dans la littérature, la *Marche Aléatoire* (*random walk*) ou le *Depth-first search*

I.7.4.1 Random Walk

En mathématiques et en physique théorique, une marche au hasard est un modèle mathématique d'un système possédant une dynamique discrète composée d'une succession de pas aléatoires, ou effectués « au hasard ». On emploie également fréquemment les expressions *marche aléatoire, promenade aléatoire* ou *random walk* en anglais. Ces pas aléatoires sont de plus totalement décorrélés les uns des autres. Cela signifie intuitivement qu'à chaque instant, le futur du système dépend de son état présent, mais pas de son passé, même le plus proche. Autrement dit, le système « perd la mémoire » à mesure qu'il évolue dans le temps. Pour cette raison, une marche aléatoire est parfois aussi appelée « marche de l'ivrogne ».

I.7.4.2 Depth First Search

L'algorithme de parcours en profondeur (ou DFS, pour Depth First Search) est un algorithme de parcours de graphe qui se décrit naturellement de manière récursive. Son application la plus simple consiste à déterminer s'il existe un chemin d'un sommet à un autre. Pour les graphes non orientés, il correspond à la méthode intuitive qu'on utilise pour trouver la sortie d'un labyrinthe sans tourner en rond.

C'est un algorithme de recherche qui progresse à partir d'un sommet S en s'appelant récursivement pour chaque sommet voisin de S. Le nom d'algorithme en profondeur est dû au fait qu'il explore « à fond » les chemins un par un : pour chaque sommet, il prend le premier sommet voisin jusqu'à ce qu'un sommet n'ait plus de voisins (ou que tous ses voisins soient marqués), et revient alors au sommet père.

I.8   Modélisation

I.8.1 Repérage

On note $R = (O, \vec{x}, \vec{y}, \vec{z})$ un repère fixe quelconque, dont l'axe $\vec{z}$ est vertical et $R' = (O', \vec{x'}, \vec{y'}, \vec{z'})$ un repère mobile lié au robot. On choisit généralement pour O' un point remarquable de la plate-forme, typiquement le centre de l'axe des roues motrices, comme illustré à la Figure 6. Par analogie, on appelle situation ou souvent posture (Campion B., 1993) du robot le vecteur :

$$\varepsilon = \begin{bmatrix} x \\ y \\ \theta \end{bmatrix} \tag{1}$$

Où x et y sont respectivement l'abscisse et l'ordonné du point O' dans R et θ l'angle $(\vec{x}, \vec{x'})$. La situation du robot est donc définie sur un espace M de dimension $m = 3$

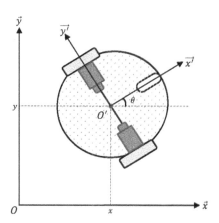

Figure 6 - Repérage de robot de type différentiel

23

I.8.2 Espace et Objets

Un robot mobile opère dans un environnement (espace de travail). Un environnement est un espace physique continu qui, dans une situation réelle, peut être un espace bidimensionnel ou tridimensionnel. Suivant l'approche de contrôle utilisée, l'environnement peut être modélisé de manière continue ou discrète.

La robotique a affaire à des objets mobiles ou immobiles, un objet peut être :

- Un point – exemple : Un robot abstrait utilisé pour le développement d'algorithmes

- Un corps rigide – exemples : des objets environnementaux, véhicule autonome.

- Un corps complexe – exemple : un bras manipulateur, robot mobile …

L'environnement d'un robot peut inclure des *obstacles*, Un obstacle est un objet qui, dépendamment du modèle utilisé et la dimensionnalité de l'espace peut être :

- Un point

- Polygones ou polyèdre

- Autre objet a description analytique ou physiquement réalisable

I.8.3 Degrés de liberté

Il est connu dans la mécanique que, selon la dimensionnalité de l'espace et de la complexité d'un objet, il y'a un nombre minimum de variables indépendantes qui définissent la position de l'objet et son orientation. Ces variables sont appelées degrés de liberté (*degrees of freedom*). Le nombre minimal de degrés de liberté qu'un corps rigide a besoins pour un mouvement arbitraire est :

- En 2D, si la translation est autorisée uniquement: 2

- En 2D, orientation plus translation autorisées: 3

- En 3D, si la translation est autorisée uniquement: 3

- En 3D, orientation plus translation autorisées: 6

Par exemple, dans un plan (2D), un objet, libre de translation et de rotation, est défini par trois degrés de liberté(x, y, θ): deux coordonnées cartésiennes (x, y) qui définissent la position de l'objet, plus θ son angle d'orientation.

I.8.4 Cinématique

La cinématique nous permet de calculer (prédire) la prochaine position et orientation du robot sachant la vitesse des deux roues. La nouvelle position $\acute{\varepsilon}$ est égale à l'ancienne position ε plus un changement d_ε :

$$\acute{\varepsilon}\begin{bmatrix}\dot{x}\\\dot{y}\\\dot{\theta}\end{bmatrix} = \begin{bmatrix}x\\y\\\theta\end{bmatrix} + \begin{bmatrix}d_x\\d_y\\d_\theta\end{bmatrix} \tag{2}$$

Où x et y sont les coordonnées du centre du robot, θ l'angle d'orientation du robot à l'instant présent, d_x, d_y et d_θ les changement dans la position et l'orientation.

Soient v_d et v_g les vitesses angulaires des deux roues et soit r leurs diamètre, alors les distances parcourues par les deux roues droite et gauche sont respectivement D_d et D_g, tel que

$$D_d = v_d.r \tag{3}$$

$$D_g = v_g.r \tag{4}$$

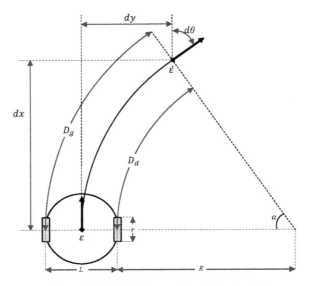

Figure 7 - Calcul de la nouvelle position du robot

D'après la Figure 7 les distances parcourues par les deux roues peuvent être décrites par l'angle α, le rayon R de rotation et L la distance qui sépare les centres des deux roues,

$$D_d = 2.R.\alpha \tag{5}$$

$$D_g = 2.(R + L).\alpha \tag{6}$$

(6) - (5) donne

$$\alpha = \frac{D_g - D_d}{2.L} \quad , \quad R = \frac{D_d.L}{D_g - D_d} \tag{7} \tag{8}$$

D'où

$$dx = \left(R + \frac{L}{2}\right).(1 - \cos\alpha) \tag{9}$$

$$dy = \left(R + \frac{L}{2}\right).\sin\alpha \tag{10}$$

$$dθ = α \tag{11}$$

Enfin

$$\begin{bmatrix} \dot{x} \\ \dot{y} \\ \dot{θ} \end{bmatrix} = \begin{bmatrix} \left(R + \frac{L}{2}\right).(1 - \cos α) \\ \left(R + \frac{L}{2}\right).\sin α \\ dθ = α \end{bmatrix} + \begin{bmatrix} x \\ y \\ θ \end{bmatrix} \tag{11}$$

I.9   Conclusion

Ce premier chapitre nous a permis de montrer la place importante qu'occupe et qu'occupera la robotique mobile dans la vie courante de l'être humain et de nous familiariser avec les fondements de la robotique mobile ainsi d'exposer les principaux problèmes de contrôle et de mettre le point sur la modélisation nécessaire pour la construction et la commande d'un système robotique.

II. RESEAUX DE NEURONES DYNAMIQUES

L 'analogie Neurobiologique comme source d'inspiration est susceptible d'avoir un impact important sur la conception et la compréhension des systèmes neuro-artificiels. Les spécialistes examinent souvent la neurobiologie pour recueillir de nouvelles idées pour des architectures artificielles, et pour résoudre des problèmes plus complexes que ceux employant des techniques conventionnelles.

Dans ce chapitre
* * *

➢ Introduction

➢ RN. Dynamiques

➢ Représentation de la dynamique

➢ A quoi servent les RND

➢ L'apprentissage

➢ Quelques architectures

➢ Conclusion
* * *

Les réseaux de neurones artificiels ont été largement appliqués à la reconnaissance des formes, l'optimisation, le codage, la commande, etc. Un réseau de neurones artificiel se compose généralement d'un grand nombre d'unités de traitement simples mutuellement interconnectés, dits neurones. Il apprend à résoudre des problèmes en ajustant les poids des interconnexions suivant les données en entrée. D'ailleurs, un réseau de neurones s'adapte facilement aux nouveaux environnements par apprentissage, et peut traiter des informations bruitées, contradictoires, vagues, ou probabilistes. Ces propriétés ont largement motivé la recherche dans les réseaux de neurones artificiels.

II.1 Du Neurone Biologique au Réseau de Neurones Dynamique

La vue courante du système nerveux doit beaucoup aux deux pionniers, Ramony Cajal [1934] et Sherrington [1933] qui ont présenté la notion qu' « *un cerveau se compose de cellules distinctes* », les neurones.

II.1.1 Neurone

Neurone, cellule nerveuse ayant la propriété de produire, puis de conduire les signaux électriques de l'influx nerveux (Wulfram Gerstner, 2002). Les neurones transmettent toutes les informations qui partent du cerveau ou qui doivent y arriver : ce sont eux qui commandent tous les mouvements du corps, qui contrôlent les battements du cœur, qui permettent la pensée et font fonctionner la mémoire, etc. La Figure 8 montre un schéma d'un neurone biologique avec ses composantes principales. Les dendrites (petites branches ressemblant à un arbre) sont les récepteurs des signaux électriques des autres cellules. Les axones, les lignes de transmission, portent les signaux loin du neurone. Ils ont une surface plus douce, peu de branches, et une plus grande longueur comparée aux dendrites. Le soma (corps de la cellule) contient le noyau de la cellule (le porteur du matériel génétique) et est responsable de fournir les fonctions nécessaires de soutien au neurone entier. Ces fonctions de soutien incluent la génération d'énergie, la synthèse de protéine, etc. Le soma agit en tant que processeur de l'information en additionnant les potentiels électriques de plusieurs dendrites.

Les interactions entre les neurones sont négociées par les unités structurales appelées synapses. Le transfert de l'information ce fait à l'aide de signaux électriques et chimiques. La synapse peut imposer l'*excitation* ou l'*inhibition* au neurone réceptif.

Dans diverses parties du cerveau il y a de grandes variétés de neurones, chacune avec une forme et taille différente. En outre, le nombre de différents types de jonctions synaptiques entre les cellules est tout à fait grand.

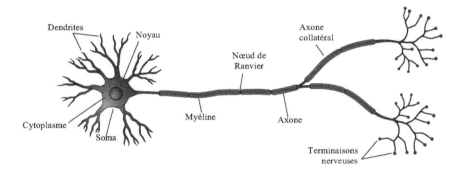

Figure 8 - Neurone biologique

La *théorie neuronale artificielle* a vu le jour grâce aux travaux pionniers de McCulloch et Pitts [1943]. McCulloch était un psychiatre et neuroanatomiste, alors que Pitts était un prodige mathématicien. Leur étude classique des neurones a décrit l'arithmétique logique des réseaux de neurones.

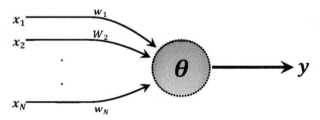

Figure 9 - Modèle de neurone McCulloch-Pitts

30

W_i dénote le poids multiplicatif (force synaptique) reliant l'i-ème entré au neurone. θ est la valeur seuil du neurone, qui doit être dépassée par la somme pondérée des entrées pour que le neurone soit activé.

Le poids, W_i est positif si le raccordement (synapse) est excitateur et négatif si le raccordement est inhibiteur. Les entrées, x_i sont binaires (0 ou 1) et peuvent provenir des capteurs ou d'autres neurones. La sortie y du neurone est définie par:

$$y = g\left(\sum_{i=1}^{N} w_i x_i\right)$$

Où g(x) est la fonction d'activation définie comme:

$$g(x) = \begin{cases} 1 \; si \; x \geq \theta \\ 0 \; si \; x < \theta \end{cases}$$

Ce modèle simpliste pourrait démontrer un potentiel de calcul substantiel, puisque par le choix approprié des poids il peut effectuer des opérations de logique comme ET, OU, NON, etc. La Figure 10 montre les poids appropriés pour effectuer chacune de ces opérations. Comme nous savons, n'importe quelle fonction combinatoire a plusieurs variables peut être effectué en employant des portes NON et ET, ou en employant des portes NON et OU.

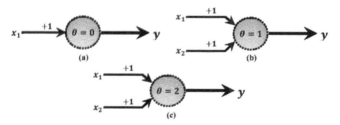

Figure 10 - (a) porte NON; (b) porte OU; et (c) porte ET

Si nous supposons qu'un retard d'unité existe entre l'entrée et la sortie d'un neurone de MCULLOCH-Pitts, nous pouvons en effet construire des circuits de logique séquentiels. La Figure 11 montre une implémentation d'une cellule de mémoire simple qui peut retenir l'entrée. Ceci étant la base des réseaux de neurones récurrents (dynamique).

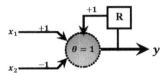

Figure 11 - Implémentation d'une cellule de mémoire

Une entrée de 1 à x_1 place la sortie à ($y = 1$) tandis que l'entrée de 1 à x_2 la remet à zéro ($y = 0$). En raison de la boucle de rétroaction la sortie sera soutenue en l'absence des entrées.

II.1.2 Histoire de développement

Le prochain développement principal est venu quand un psychologue, Hebb [1949], a proposé un schéma d'apprentissage pour mettre à jour les poids synaptiques. Son postulat célèbre de l'apprentissage (Règle de Hebb) déclare que l'information peut être stockée dans les raccordements synaptiques et la force d'une synapse augmenterait par l'activation répétée d'un neurone à l'autre à travers cette synapse.

Dans les années 50, Rosenblatt Franc (psychologue) a proposé un type de neurone appelé perceptron [1958] (Figure 12). Le Perceptron était une machine capable d'apprendre et il apprenait à classifier certains modèles en modifiant les poids synaptiques.

La Figure 12 montre un perceptron simple avec les éléments sensoriels (éléments S), les unités d'association (unités A), et les unités de réponse (unités R).

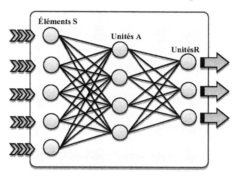

Figure 12 - Perceptron simple

Rosenblatt [1958,1962] a fourni le procédé d'apprentissage (algorithme) pour ajuster les paramètres libres dans un Perceptron, il a énoncé:

Le procédé à décrire ici s'appelle la retro-propagation de l'erreur, puisqu'il prend sa sélection de l'erreur des unités R, propageant des corrections vers l'arrière sur l'extrémité sensorielle du réseau s'il échoue à réaliser une correction rapidement satisfaisante à l'extrémité de la réponse

En outre, pendant cette période Widrow et Hoff [1960, 1962] ont proposé un mécanisme d'apprentissage où l'erreur a été réduite au minimum [ADALINE].

Minsky et Pappert [1969] avaient l'habitude des mathématiques élégantes, Leur théorème a déclaré qu'un perceptron à une seule couche ne réalise pas de séparation des modèles non-linéaires dans un hyper espace (comme pour le OU EXCLUSIVE).

En conséquence, leur théorème a été largement interprété en tant que critique de l'utilité de tous types de perceptron en tant que machines d'apprentissage.

En 1965, Nilsson, en son livre appelé « les machines d'apprentissage », avait prouvé que des perceptrons multicouches peuvent être employés pour séparer des modèles non linéaires dans un hyperespace.

La difficulté était comment déterminer l'erreur dans les neurones cachés afin de mettre à jour leurs poids. Pendant les années 70 plusieurs idées ont été formulées.

Amari [1972, 1977] a développé un modèle adaptatif de neurone à seuil.

Nakano, à l'université de Tokyo, a proposé un modèle de mémoire associative, appelé l'Associatron [Nakano, 1972] et a démontré son fonctionnement sur des robots réels.

Kohonen [1972, 1977, 1980] en Finlande a poursuivi la recherche sur des mémoires associatives.

Fukushima, au Japon, a proposé un modèle, appelé le Cognitron [Fukushima, 1975], et ses variations, appelées le Neocognitron [1980] pour la reconnaissance des formes visuelles.

Dans les années 80, l'ère de la Renaissance a commencé par plusieurs publications exceptionnelles qui ont promu de manière significative le potentiel des réseaux neurologiques artificiels. Les papiers de Hopfield ont présenté le réseau de neurones entièrement connecté et ont adressé leur potentiel en optimisation et en tant que mémoires associatives [Hopfield, 1982, 1984].

En 1986, avec la publication de deux volumes sur le traitement distribué parallèle, éditée par Rumelhart et McLelland [1986], une autre revitalisation était expérimentée. Ce travail a avec succès enlevé les barrières du chemin des réseaux de neurones.

II.1.3   Les réseaux de neurones

Un neurone réalise simplement une fonction paramétrée de ses variables. L'intérêt des neurones réside dans les propriétés qui résultent de leur association en réseaux, c'est-à-dire de la composition des fonctions réalisées par chacun des neurones.

Aleksander et Morton [1990] définissent un réseau neurologique dans un sens large:

Le calcul neuronal est l'étude des réseaux à nœuds adaptables qui, par un processus de l'étude des exemples, stockent la connaissance et la rend disponible pour l'usage.

Ils sont principalement un outil mathématique à large utilisation, de manière générale, ils sont des systèmes d'entrées/sorties possédant une structure interne adaptable. A l'aide des algorithmes d'apprentissage les RN modifient cette structure pour forcer des correspondances entrées/sorties connues.

II.1.3.1 Réseaux de neurones statiques ou non-bouclés

Un réseau de neurones non bouclé peut être imaginé comme un ensemble de neurones « connectés » entre eux, l'information circulant des entrées vers les sorties sans « retour en arrière ». On peut représenter le réseau par un graphe acyclique dont les nœuds sont les neurones et les arêtes les « connexions » entre ceux-ci. Si l'on se déplace dans le réseau, à partir d'un neurone quelconque, en suivant les connexions et en respectant leurs sens, on ne peut pas revenir au neurone de départ. La représentation de la topologie d'un réseau par un graphe est très utile, notamment pour les réseaux bouclés, comme on le verra dans la section « Réseaux de neurones dynamiques ».

La forme la plus courante de réseau de neurones statique est de la forme :

$$g(x,w) = \sum_{i=1}^{P} w_i f_i(x,w')$$

Où les fonctions $f_i(x,w')$, appelées « neurones », c'est une fonction non linéaire, paramétrée, à valeurs bornées.

II.1.3.2 Fonction d'activation

La fonction f est appelée fonction d'activation. Il est recommandé d'utiliser pour f une fonction « sigmoïde » (c'est-à-dire une fonction en forme de « s ») symétrique par rapport à l'origine, telle que la tangente hyperbolique ou la fonction Arc-tangente (Figure 13).

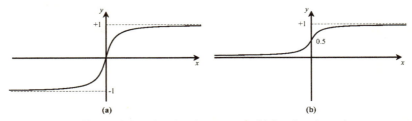

Figure 13 – (a) fonction Arc-tangente, (b) fonction sigmoïde

Ainsi, la sortie d'un neurone a pour équation :

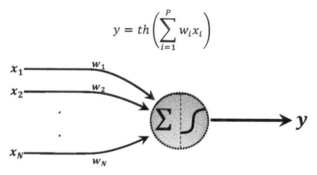

$$y = th\left(\sum_{i=1}^{P} w_i x_i\right)$$

Figure 14 - Neurone à fonction sigmoïde

II.1.3.3 Terminologie

Les réseaux de neurones non bouclés à couches, dont les neurones cachés ont une fonction d'activation sigmoïde, sont souvent appelés « *Perceptrons multicouches* » (ou MLP pour Multi-Layer Perceptron).

II.1.3.4 Propriété

> *Toute fonction bornée suffisamment régulière peut être approchée uniformément, avec une précision arbitraire, dans un domaine fini de l'espace de ses variables, par un réseau de neurones comportant une couche de neurones cachés en nombre fini, possédant tous la même fonction d'activation, et un neurone de sortie linéaire*

(HORNIK, 1991)

Cette propriété, qui n'est qu'un théorème d'existence et ne donne pas de méthode pour trouver les paramètres du réseau, n'est pas spécifique aux réseaux de neurones. C'est la propriété suivante qui leur est particulière et fait tout leur intérêt.

L'approximation parcimonieuse

La complexité d'un modèle est liée au nombre de ses paramètres. Ce nombre est très important pour contrôler le sur-ajustement (sur-apprentissage) et l'insuffisante : si le nombre de ses paramètres est trop petit le modèle manquera de souplesse, on dira que la *complexité du modèle est insuffisante,* alors que s'il est trop grand la précision sur l'ensemble d'apprentissage est obtenue au détriment des qualités de généralisation du modèle : c'est le phénomène de sur-ajustement ou sur-apprentissage.

On doit toujours faire en sorte que ce nombre soit le plus petit possible. En d'autres termes, on cherche l'approximation la plus parcimonieuse. Les réseaux de neurones possèdent cette propriété de parcimonie : c'est en cela que réside leur intérêt par rapport aux modèles linéaires en leurs paramètres tels que les polynômes.

II.1.3.5 *Apprentissage*

La démarche de conception d'un réseau de neurone nécessite de postuler une fonction, dont les variables (également appelées facteurs) sont susceptibles d'avoir une influence sur la grandeur à modéliser ; On choisit les réseaux de neurones parce qu'ils sont susceptible :

- d'*apprendre* les données existantes, c'est-à-dire de les reproduire le mieux possible,

- de *généraliser*, c'est-à-dire de prédire le comportement de la grandeur à modéliser dans des circonstances qui ne font pas partie des données d'apprentissage.

Le réseau de neurones dépend de paramètres ajustables (poids synaptiques): l'apprentissage consiste en l'ajustement de ces paramètres de telle manière que le réseau ainsi obtenu présente les qualités requises d'apprentissage et de généralisation.

Rétro-propagation du gradient

La technique de rétropropagation du gradient (Backpropagation en anglais) est une méthode qui permet de calculer le gradient de l'erreur pour chaque neurone du réseau, de la dernière couche vers la première.

En vérité, la correction des erreurs peut se faire selon d'autres méthodes, en particulier le calcul de la dérivée seconde. Cette technique consiste à corriger les erreurs selon l'importance des éléments qui ont justement participé à la réalisation de ces erreurs. Dans le cas des réseaux de neurones, les poids synaptiques qui contribuent à engendrer une erreur importante se verront modifiés de manière plus significative que les poids qui ont engendré une erreur marginale.

II.1.4 Développements récents

Il est vrai que les réseaux de neurones étaient créés pour résoudre les problèmes de la reconnaissance des formes, mais la technique s'est développée bien au-delà des objectifs d'origine. Les réseaux neuronaux sont maintenant utilisés pour diriger des missiles, commander des robots, mettre à la disposition des malentendants des appareils de correction auditive « intelligents » et pour modéliser des marchés financiers complexes. La recherche se tourne vers des problèmes encore plus délicats. Certaines équipes essayent de produire une machine possédant une conscience artificielle, une machine ayant sa propre façon de penser.

II.2 Les Réseaux de Neurones Dynamique

Même si les réseaux statiques (non-récurrents) aient été appliqués avec succès à un large champ de problèmes, ce qui peut être mis en œuvre par réseaux de neurones statique (non récurrent) n'est rien de plus qu'une correspondance statique de vecteurs d'entrée à des vecteurs de sortie, les réseaux de neurones statiques ne peuvent pas faire de liens entre les informations propagés à des instant différents de temps ou même de s'en souvenir. Il est bien connu que notre cerveau n'est pas un tel système, statique et sans mémoire. Afin d'arriver à simuler les fonctions dynamiques du cerveau, il est essentiel de faire usage d'un système dynamique qui possède la capacité de stockage (mémorisation) et de traitement temporel.

L'architecture la plus générale, pour un réseau de neurones, est celle des « réseaux bouclés », dont le graphe des connexions est *cyclique* : lorsque l'on se déplace dans le réseau en suivant le sens des connexions, il est possible de trouver au moins un chemin qui revient à son point de départ (un tel chemin est désigné sous le terme de « cycle »). La sortie d'un neurone du réseau peut donc être fonction d'elle-même ; ceci n'est évidemment concevable que si la notion de *temps* est explicitement prise en considération. À l'heure actuelle, l'immense majorité des applications des réseaux de neurones est réalisée par des systèmes numériques (ordinateurs conventionnels ou circuits numériques spécialisés pour le traitement de signal) : il est donc naturel de se placer dans le cadre des systèmes *à temps discret,* régis par des « équations aux différences » (ou « équations récurrentes », d'où le terme de « réseaux récurrents »). Ces équations jouent le même rôle, en temps discret, que les équations différentielles en temps continu. Ainsi, à chaque connexion d'un réseau de neurones bouclé (ou à chaque arête de son graphe) est attaché, outre un paramètre comme pour les réseaux non bouclés, un *retard,* multiple entier (éventuellement nul) de l'unité de temps choisie. Une grandeur, à un instant donné, ne pouvant pas être fonction de sa propre valeur au même instant, tout cycle du graphe du réseau doit contenir au moins une arête dont le retard n'est pas nul.

II.2.1   Définition

Un réseau de neurones dynamique réalise une ou plusieurs équations aux différences non linéaires, par composition des fonctions réalisées par chacun des neurones et des retards associés à chacune des connexions

(G. Dreyfus, 2008)

II.2.2   Exemple

La Figure 15 montre un réseau de neurones bouclé à deux variables. Les chiffres dans les carrés indiquent le retard attaché à chaque connexion, multiple de l'unité de temps (ou période d'échantillonnage) T. Le réseau contient un cycle qui part du neurone 3, va au neurone 4, et revient au neurone 3

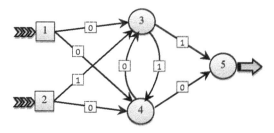

Figure 15 - Exemple de réseau de neurones bouclé

II.2.3   Propriétés

En plus des propriétés des réseaux neuronaux statiques, les réseaux de neurones dynamiques possèdent une capacité de mémorisation et de traitements temporels, ils tirent ce point fort de la récurrence (Pandya, 1995) existante au niveau de

41

l'architecture ; bien évidement, ils possèdent leurs propres algorithmes d'apprentissages.

II.3 Représentation de la dynamique

Une classification des réseaux dynamique peut être faite selon le mécanisme de mémoire utilisé, un exemple de classification est donné dans la Figure 16.

Un exemple typique des réseaux dynamiques à mécanisme *externes* est le TDNN (*Time Delay Neural Network*). Dans ce type de réseaux, le temps est spatialisé et aucune véritable capacité de mémorisation n'est implantée. Ces réseaux sont en fait des cas particuliers de la classe des réseaux statiques.

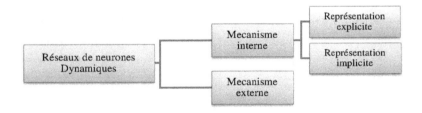

Figure 16 - Classification des réseaux de neurones à mémoire.

La représentation *interne explicite* du temps au niveau des connexions correspond au cas où le temps est modélisé par l'intermédiaire des connexions synaptiques. La dernière sous-classe, la représentation *interne explicite* du temps au niveau des neurones, correspond aux cas où le temps est un phénomène au niveau du neurone et non plus du réseau ou des connexions, c'est le cas du réseau *Gamma* (présenté dans le chapitre suivant).

Les réseaux à représentation *interne implicite* du temps sont les réseaux récurrents comme les modèle Hopfield, Jordan et Elman (présentés plus loin dans ce chapitre). Ce sont les types de réseaux dynamiques qui s'inspirent le plus étroitement du cerveau humain puisque leurs capacités dynamiques (mémoire et traitement temporelle) résultent du flux d'information qui reste en circulation dans le réseau, sans avoir besoin d'un mécanisme de mémorisation implicite. Ils sont connus par leurs réussites en contrôle de processus et en optimisation.

II.4 À quoi servent les RND?

Les propriétés des réseaux de neurones dynamique sont directement liées à celles des réseaux statique : de même que l'on met en œuvre les réseaux de neurones statique pour modéliser, de manière statique, des processus non linéaires qui peuvent être utilement décrits par des équations algébriques, il est intéressant de mettre en œuvre des réseaux de neurones bouclés pour modéliser, de manière dynamique, des processus qui peuvent être utilement décrits par des équations récurrentes (ou équations aux différences).

De manière générale, les réseaux de neurones dynamique servent de :

- Modèle comme simulateur pour prévoir l'évolution d'un processus dont la modélisation de connaissance est trop complexe ou trop incertaine ;

- Modèle comme simulateur d'un processus dont la modélisation de connaissance est possible, mais conduit à des équations différentielles, ou aux dérivées partielles, dont la résolution numérique est lourde et ne peut répondre à des contraintes de fonctionnement en temps réel ;

- Modèle comme prédicteur afin de l'intégrer à un système de commande.

II.5 L'apprentissage dans les modèles dynamiques

Basés sur une variété de réseaux de neurones dynamique, plusieurs algorithmes d'apprentissage spécifiques ont étaient proposés [Rumelhart 1986; Williams et Zipser 1989; Werbos1988; Pearlmutter 1989; Doya et Yoshizawa 1989: Pineda 1987 et 1988; Rowat and Selverston1991; etc]. Il est intéressant de citer que le même algorithme a été découvert indépendamment par différents auteurs.

On sait que dans un réseau de neurone dynamique, un changement dans le poids d'une connexion affecte le futur du réseau entier. Ainsi, l'essence des algorithmes d'apprentissage est d'estimer l'effet d'un petit changement dans un poids sur la fonction d'erreur. Il existe deux méthodes de réaliser cette analyse de sensibilité : la première sera de calculer l'effet récurrent en avant dans le temps et la deuxième sera de calculer l'effet récurrent en arrière dans le temps.

La plupart des techniques d'apprentissage relève d'une même utilisation de la rétro-propagation du gradient. Ce dernier est déterminé de manière approximative à un pas de temps par rapport à l'approximation qui en avait été faite au pas de temps précédent. Cette technique peut être abandonnée au profit d'une autre permettant de réaliser des calculs exacts mais beaucoup plus gourmande en ressource. Cette méthode permet de faire de la rétropropagation dans le temps (Back-Propagation Through Time) en dupliquant le réseau à chaque pas de temps avant de rétropropager le gradient à travers toutes les couches architecturales et temporelles.

Un gradient rétro-propagé sur plusieurs pas de temps peut ne plus être porteur de suffisamment d'informations pour que le réseau converge vers un état satisfaisant. Pour pallier à cet inconvénient majeur, qui est une limitation forte à un usage répandu et efficace des réseaux dynamique, il convient de définir et de mettre en place un mécanisme qui permet au réseau d'éviter ces problèmes pendant la phase d'apprentissage. Le meilleur de tous ces mécanismes serait une procédure d'apprentissage réellement adaptée à l'apprentissage de la récurrence, mais cette procédure d'apprentissage n'existant pas, il convient de trouver un palliatif efficace. D'autre part, de nombreuses méthodes supplémentaires sont utilisées pour faciliter la convergence. Parmi ces méthodes on cite les algorithmes génétiques qui ont bien démontré leur capacité d'optimisation des poids synaptiques.

II.6 Quelques Architecture de R.N. Dynamique

II.6.1 Réseau Jordan

Le réseau Jordan est l'une des récentes architectures des réseaux de neurones dynamique [Jordan 1986a, 1986b].

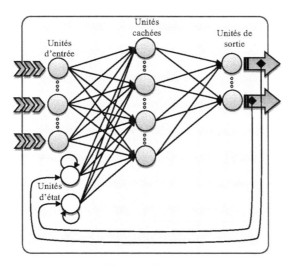

Figure 17 - Architecture d'un réseau de type Jordan

Dans le réseau Jordan, les valeurs d'activations des unités de sorties sont rétro-propagé vers des unités supplémentaire appelés les unités d'états. Le nombre des unités d'états correspond au nombre des unités de sorties. Les poids des connexions entre ces deux unités sont égaux à 1 ; l'apprentissage prend place seulement au niveau des connexions entre les unités d'entrée et les unités cachées ainsi qu'entre les unités cachées et celle de sortie.

II.6.2   Réseau Elman

Le réseau Elman a été présenté par Elman en 1990. Dans ce réseau un ensemble d'unités, appelées unités de contexte, sont introduites, ce sont des unités d'entrée supplémentaire dont les valeurs d'activation sont issues des unités cachées. Ainsi, le réseau est très similaire au réseau Jordanie, sauf qu'au lieu des unités de sortie, ce sont les unités cachés qui activent les unités d'entrée supplémentaires et que ces dernières ne possèdent pas d'auto-connexions.

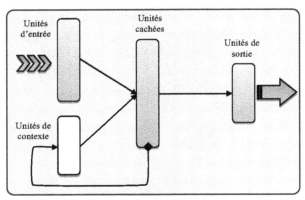

Figure 18 - Architecture d'un réseau de type Elman

46

II.6.3   Réseau Hopfield

Le réseau de Hopfield [1982] est un modèle inspiré d'un modèle de la physique théorique appelé modèle des verres de spins. Les spins sont des entités théoriques qui ne peuvent avoir que deux valeurs : -1 et +1. Les verres regroupent des spins et les relient les uns aux autres par des connexions à valeurs. La théorie a été développée à partir de la manière dont les spins interagissent les uns avec les autres et permet de comprendre comment l'énergie se stabilise au sein du verre après initialisation des spins avec des valeurs prédéfinies et après plusieurs itérations de calcul des activités.

Transposé dans le domaine du connexionnisme (voir la Figure 19), ce modèle correspond à un réseau totalement récurrent, à l'auto-récurrence près puisque les neurones ne prennent pas leur propre valeur en compte lors du recalcul de l'activité. Chaque neurone du réseau est à la fois une entrée et une sortie, le réseau implantant ainsi une mémoire associative qui peut être mise en œuvre, par exemple, pour des tâches de reconnaissance de caractères.

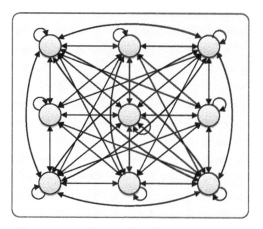

Figure 19 - Architecture d'un réseau de type Hopfield

47

Le processus d'apprentissage de ces connexions fait appel à la règle de Hebb qui renforce la connexion entre deux neurones s'ils sont actifs simultanément.

La physique théorique a permis de définir le réseau de Hopfield comme étant un des rares modèles connexionnistes à avoir des propriétés connues et démontrées. La plus intéressante de ces propriétés est la connaissance à priori du nombre des formes que le réseau pourra mémoriser. Un réseau de Hopfield de N neurones pourra ainsi mémoriser $0{,}14 \times N$ formes distinctes.

Hopfield a aussi démontré que sous certaines conditions le système évolue au sens de diminuer la valeur d'une fonction. Ce qui offre la possibilité d'utiliser les réseaux Hopfield pour résoudre des problèmes d'optimisation.

II.7 Conclusion

Dans ce chapitre, nous avons abordé la théorie neuro-artificielle. Dans un premier temps, nous avons introduit les réseaux de neurones depuis leur inspiration biologique. Dans un deuxième temps, nous avons présenté le passage aux architectures dynamique comme nécessaire pour les traitements temporels ou nécessitants de la mémoire pour ensuite approfondir en arborant une classification possible, l'utilisation et l'apprentissages dans les modèles dynamiques pour finir avec quelques architectures de réseaux dynamiques.

III. NEURO-CONTROLE

C'est vers la fin des années 80 que les premières applications robotiques utilisant les réseaux de neurones font leur apparition. Citons par exemple les travaux de (M. Kawato, 1988).

Les travaux actuels concernant le connexionnisme dans les tâches robotiques sont divers et variées. Il serait difficile d'en faire une liste exhaustive. Plusieurs ouvrages réunissent les diverses contributions dans le domaine. Citons par exemple (Treviño, 2008).

Dans ce chapitre
* * *

➢ Démarche
➢ Environnement de Simulation
➢ Base d'Apprentissage
➢ Réseau Gamma
➢ Apprentissage et Résultats
➢ Conclusion et Perspectives

* * *

Les réseaux de neurones sont principalement utilisés en robotique pour déterminer des modèles de transformations géométriques ou cinématiques. Ces modèles établissent la corrélation existante entre les entrées du système et les sorties correspondantes. Les paramètres intervenant dans ces modèles peuvent évoluer dans le temps. Ceci complexifie grandement la tâche de modélisation.

Ce chapitre décrira de près la conception du système de contrôle neuronal, ainsi, il fusionnera la théorie abordée dans les chapitres précédents.

III.1 Démarche

Après avoir abordé la théorie nécessaire, il est temps de passer à l'application. L'objectif comme a été avancé au début de ce mémoire est de construire un système de contrôle d'un robot d'exploration en modélisant les connaissances humaines sur le sujet (exploration) par un réseau de neurones dynamiques.

La première des choses à faire était la construction d'un environnement de simulation de la cinématique et des capteurs du robot mobile au sein d'un environnement virtuel (espace et objets), plus en détails dans la section *Environnement de Simulation*.

La deuxième était de regrouper les données sur les connaissances humaines sur l'exploration en une seule masse prête à servir de base d'apprentissage pour notre réseau de neurones. La construction de cette base est détaillée dans la section *Base d'Apprentissage*.

En parallèle, nous avions à implémenter les algorithmes d'apprentissage et de propagation du réseau de neurones, après, bien sûr, avoir choisi l'architecture du réseau dynamique à utiliser. Les réseaux récurrents connus par leurs succès en contrôle (Yilei Wu, 2007) auraient fait le choix idéal ; mais le développement et l'implémentation de leurs algorithmes d'apprentissage et de propagation demandent un temps considérable, et face au temps nécessaires pour la construction de l'environnement de simulation, on ne pouvait pas s'offrir le luxe de le faire. Au sein du laboratoire SIMPA, Le réseau *Gamma* a montré ses capacités comme réseau de neurones dynamique en reconnaissance automatique de la parole (KHELIL, 2007) . La disponibilité de ses algorithmes et la contrainte du temps font de lui le choix pour notre projet. L'architecture de ce réseau sera présentée dans la section *Réseau Gamma*.

Ainsi, tout ce qui restait à faire était la traduction des algorithmes de propagation vers le langage de programmation (Python) utilisé avec le simulateur, pour enfin l'intégrer comme contrôleur pour le robot en phase finale.

Une fois la base et le programme d'apprentissage prêts une série d'apprentissage était lancée avec différents paramètres pour le réseau de neurones afin de trouver la complexité nécessaires à la modélisation de notre système. A la fin de chaque apprentissage, on effectuait des tests de contrôle autonome dans des environnements (espace et objet) virtuels autres que ceux utilisés dans la construction de la base d'apprentissage. Les différentes séries d'apprentissage et leurs résultats seront vus dans la section *Apprentissage et Résultats*.

III.2 Environnement de Simulation

III.2.1 Microsoft Robotics Developer Studio

(Taylor, 2008)

III.2.1.1 Un Peu d'Histoire
En juin 2006, lors de la « *Robo Business Conference and Exposition 2006* », Microsoft annonce la disponibilité de *Microsoft Robotics Developer Studio* (MSRDS), une plate-forme de développement standardisée pour la Robotique. Bill Gates remarquait que l'industrie de la robotique se trouve dans l'exacte situation de l'industrie du PC il y a 30 ans de cela, à savoir un manque de standardisation au niveau OS, hardware ou langage de programmation. Les sociétés impliquées dans la robotique sont demandeuses de l'équivalent d'un système

51

d'exploitation permettant de faire tourner un même code sur plusieurs plateformes matérielles différentes.

Bill Gates estime que la robotique constitue un champ privilégié de l'évolution des technologies. « *Je pense que des technologies telles que le calcul distribué, la reconnaissance vocale et visuelle ou la connexion sans fil à haut débit ouvrent la porte à une nouvelle génération de périphériques autonomes qui permettront aux ordinateurs de réaliser des tâches dans le monde physique pour notre compte. Nous sommes à l'aube d'une nouvelle ère où le PC s'éloignera du bureau pour nous permettre de voir, toucher, entendre et manipuler des objets dans des endroits où ne sommes pas physiquement présents* ».

Bill Gates étaye sa réflexion en précisant que le coût du hardware diminue et permet de penser que la robotique ne peut que se démocratiser. Ce constat étant fait, un groupe de travail est constitué en 2004, dirigé par Tandy Trower, architecte en chef du groupe *Microsoft Robotics*. Le résultat de cet effort est la mise à disposition de *Microsoft Robotics Studio* en fin 2006.

III.2.1.2 Qu'est-ce que Microsoft Robotics Developer Studio ?
Une plate-forme unique et standardisée

L'idée principale est de proposer un environnement de programmation intégré qui permette de développer, tester, débugger des applications robotiques, sans avoir à faire d'hypothèse sur le hardware sous-jacent. La portabilité du code est l'un des objectifs majeurs.

Microsoft choisit de s'appuyer sur le framework .NET véritable pierre angulaire de la programmation chez Microsoft.

Une gestion simple des problématiques spécifiques à la robotique

L'un des principaux problèmes auxquels les développeurs d'application robotique ont à faire face est la complexité des applications en raison de la nature fortement parallèle d'un développement en robotique. Pour simplifier, un robot est composé de 3 parties :

- Une série de capteurs permettant au robot de percevoir son environnement

- Un centre de calcul (un Microprocesseur)

- Des « effecteurs» (généralement des moteurs) permettant au robot d'agir sur l'environnement selon les ordres donnés par le centre de calcul.

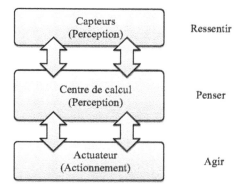

Figure 20 - Décomposition parallèle d'un robot

Le problème est que les capteurs fournissent des informations au centre de calcul en continu et en parallèle, le centre de calcul devant les intégrer en temps réel et demander aux actuateurs d'agir. Il n'est en effet pas possible de stopper le fonctionnement du robot le temps que tous les capteurs fournissent des informations. De même, que se passe-t-il si l'un des capteurs met du temps à réagir ?

53

La réponse est connue depuis longtemps par les roboticiens. Les développements sont massivement parallèles, impliquant donc une gestion fine du multithreading. Cette gestion peut rapidement devenir difficile voire consommer la plus grande partie du temps de développement, au détriment du programme spécifique du robot. Microsoft a choisi d'abstraire toute cette partie en proposant un modèle intégré de gestion du multithreading. L'une des briques de 'Microsoft Robotics Studio', est le CCR (Concurrency and coordination runtime). Il s'agit d'une librairie de code C# .Net 2.0, développé par George Chrysanthakopoulos dans le cadre d'un groupe chez Microsoft nommé *Advanced Strategies*. CCR n'avait donc rien à voir au départ avec Microsoft Robotics Studio mais a été intégré au SDK car répondant parfaitement aux besoins du développement robotique. Cette librairie permet en effet, comme son nom l'indique, de coordonner et s'assurer de la gestion de la concurrence (le multithreading) de services, de manière simple et sûre.

III.2.1.3 Les briques technologiques

Microsoft Robotics developer Studio est un *Software Development Kit* (SDK) qui consiste en trois briques technologiques essentielles :

1. Un Runtime[2] permettant de faire tourner les programmes .NET réalisés pour n'importe quel type de robots. C'est le CCR et le DSS.
2. Un ensemble d'outils de développements et de débogage. Il est possible d'utiliser soit Visual Studio pour le développement basé sur .NET, soit un

---

[2] **Runtime : Moteur d'exécution** ou **bibliothèque d'exécution** (*runtime* signifiant, en anglais, « au moment de l'exécution ») est un programme ou une bibliothèque qui permet l'exécution d'un autre programme.

nouvel outil de développement visuel nommé *Visual Programming Language*.

3. Un outil de simulation, permettant de tester les programmes réalisés dans un environnement virtuel tridimensionnel simulant les conditions physiques (gravité, frictions, forces,…)PhysX de AGEIA.

4. .NET Framework 2.0

5. Visual 2008

Concurrency and Coordination Runtime

Le CCR (Concurrency and Coordination Runtime), est une libraire managée (.DLL) accessible depuis n'importe quel langage .NET qui permet d'abstraire les difficultés inhérentes à la programmation multithread en robotique.

Le CCR est une librairie qui permet de répondre aux besoins suivants :

- **Asynchronisme** : le fait que différentes parties du programme puissent fonctionner indépendamment et en parallèle, sans que l'une des partie puisse bloquer l'ensemble en cas de problème

- **Concurrence** : si le programme est organisé en plusieurs sous parties indépendantes, il faut gérer le fait que plusieurs parties souhaitent accéder à une même ressource en même temps.

- **Coordination et gestion des erreurs** : coordonner les différentes parties du programme entre elles et gérer les éventuelles erreurs qui peuvent survenir.

En fournissant des méthodes de haut niveau, la complexité de développement est très fortement réduite et l'application est rendue plus robuste.

Decentralized Software Services

DSS (Decentralized Software Services) est un environnement d'exécution (un *runtime*) qui s'appuie sur le CCR et qui permet d'exécuter les services que l'on a réalisé à l'aide de *Microsoft Robotics Studio*. DSS expose de manière standardisée des services qui peuvent être utilisés par un autre programme, un autre service ou une interface utilisateur. Dans le cadre de ce modèle, un service peut représenter :

- un composant matériel (hardware) comme un capteur ou un actuateur.

- un composant logiciel de l'interface utilisateur (comme une fenêtre de commande), un répertoire, un élément de stockage...

- une agrégation d'éléments précédents.

L'intérêt de représenter les différentes parties d'un robot sous forme de service est multiple :

- **ROBUSTESSE** : chaque service s'exécute indépendamment, ce qui permet de proposer une architecture faiblement couplée. Ainsi, si le service gérant le bras d'un robot tombe en panne le reste du robot peut continuer à fonctionner. Les services sont isolés du point de vue de l'exécution mais également du point de vue des données.

- **COMPOSABILITE** : les services sont standardisés, ce qui fait que leur utilisation, la manière de dialoguer avec eux ou de requêter leur état sont standardisés. Par ailleurs, les services ainsi réalisés sont portables d'un nœud DSS à un autre.

- **OBSERVABILITÉ** : DSS permet d'observer l'état des services permettant ainsi de déterminer l'état du système dans son ensemble. On parle d'observabilité. Pour cela, DSS attribut une URI à chaque service et expose l'état de ces services.

Les services sont exécutés dans le contexte d'un nœud DSS qui se comporte comme l'environnement de support des services. Les services peuvent dialoguer entre eux d'une manière standardisée, qu'ils s'exécutent au sein du même nœud DSS ou bien qu'ils soient distants et utilisent le réseau pour dialoguer.

Visual Programming Language

VPL (*Visual Programming Language*) est une autre brique livrée avec Microsoft Robotics Studio. Il s'agit d'un environnement de programmation visuel générant le code *.Net (dot net)*. *Visual Programming Language* s'appuie donc sur DSS et le CCR. Le code *.Net* généré peut être ouvert et modifié avec Visual Studio (l'environnement de développement professionnel de Microsoft), de même un programme réalisé par code à l'aide de Visual Studio est chargeable dans VPL.

Le VPL permet de transférer un code vers un robot réel mais également de visualiser le fonctionnement de ce code sur un robot virtuel évoluant dans l'environnement de simulation visuel.

Visual Simulation Environment

La dernière brique livrée avec Microsoft Robotics Studio est le *Visual Simulation Environment* (VSE) qui permet de tester les codes développés dans un environnement virtuel en 3 dimensions. L'intérêt d'un tel outil est évident juste en pensant au coût du matériels ou lorsqu'on pense qu'un mauvais programme peut endommager un robot ou son environnement.

Le moteur de rendu de l'environnement est basé sur Microsoft XNA Framework qui est le framework de Microsoft pour développer des jeux pour les consoles de

Jeux Xbox. Afin que la simulation soit réaliste et apporte ainsi une valeur ajoutée, VSE intègre la technologie AGEIA^{TM} PhysX^{TM} qui est un moteur de rendu physique. Un tel moteur ajoute les lois physiques de notre monde dans le monde virtuel (le fait que le haut et le bas aient des significations, le choc, la gravitation, les frictions…).

Les captures d'écran ci-dessous présentent des simulations réalisées à l'aide de *Visual Simulation Environment* dans le cadre de notre projet :

Figure 21 - captures d'écran de *Visual Simulation Environment*

III.2.2   iRobot Create

iRobot Create (iRobot, 2006) est un robot fabriqué et introduit en 2007 par *iRobot*. iCreate est explicitement conçu pour le développement robotique.

Microsoft Robotics Developer Studio fourni un modèle virtuel de l'iCreate très proche de la réalité en proportion et en système de conduite.

iCreate comprend un port 25 broches qui peut être utilisé pour les entrées et les sorties numériques et analogiques. Il possède également un port série à travers lequel les données des capteurs peuvent être lues et les commandes peuvent être délivrées au moyen du protocole *iRobot Roomba Open Interface*. Il est de type différentiel (vu en section **système de conduite** du chapitre I)

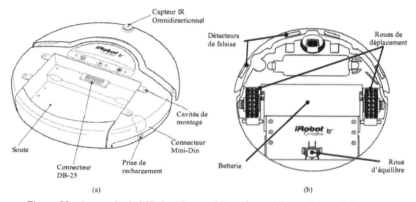

Figure 22 - Anatomie de l'iRobot Create. (a) partie supérieure. (b) partie inférieure

Les cavités de montages ainsi que les connecteurs DB-25 et Mini-Din offres des possibilités d'extension de capteurs ou en vue d'utilisation mécanique secondaire comme le montre la Figure 23 . Ainsi l'*iRobot Create* sera utilisé dans le cadre de notre projet.

Figure 23 - Exemple d'utilisation de l'iRobot Create

III.2.3 Capteurs

Comme présenté dans la section perception du premier chapitre, l'utilisation de tel ou tel capteur dépend du type de problème à résoudre. Dans le cas de la navigation (exploration) on a besoin de capteurs pour *mesure de proximité et de distance*. On a aussi vu que les télémètres laser offrent de bonnes valeurs de portée et les meilleures performances en termes de précision, de résolution angulaire et de stabilité, et c'est ce qui fait d'eux les meilleurs télémètres pour la robotique mobile.

La gamme de produits de la marque *Sick* (voir Figure 24) fait référence pour la navigation des robots mobiles. Les performances d'un télémètre laser Sick sont données dans la **Erreur ! Source du renvoi introuvable.**.

Angle d'ouverture	180
Résolution angulaire	0.5°
Temps de réponse	26 ms
Résolution	10 mm
Erreur statistique	5 mm
Distance maximale de mesure	8000 mm

Figure 24 - Télémètre laser Sick

Tableau 1 - Caractéristiques du télémètre laser Sick

Microsoft Robotics Developer Studio fourni une bonne simulation de ce capteur. Ainsi notre robot (iCreate) sera équipé d'un télémètre laser de ce type.

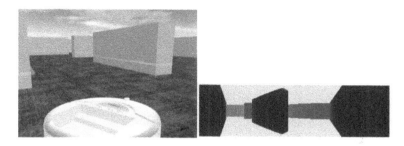

Figure 25 - Exemple d'information issue d'un télémètre laser sur VSE

III.3 Base d'Apprentissage

Pour arriver à construire la base d'apprentissage il fallait créer un nombre important d'environnements virtuelles 3D (voir Figure 26) chargeables sur l'environnement de simulation virtuelle.

Figure 26 – Exemples d'environnements virtuels sur VSE

Une cinquantaine de cartes a été créée, offrants chacune un environnement unique. Pour chaque carte, on devait effectuer une exploration manuelle à l'aide d'une manette de jeu vidéo. Les commandes issues de la manette sont des commandes haut-niveau (Avancer = Av, rotation à droite = Rd, rotation à gauche = Rg). Les commandes envoyées au robot sont des vitesses de roues, ainsi, on avait besoin des règles de transformation suivante :

$$Gauche = (V * Av) + (O * Rd) - (O * Rg)$$
$$Droite = (V * Av) - (O * Rd) + (O * Rg)$$

Avec : V coefficient de vitesse, et O l'angle de rotation

Durant chaque exploration manuel, et à chaque nouveau pas de temps, un programme d'écoute enregistre les informations reçus du télémètre laser et la commande effectuée par l'opérateur humain. Enfin, on regroupait les informations enregistrées de l'exploration de toutes les cartes en un seul fichier qui constitue notre base d'apprentissage.

III.4 Réseau Gamma

Le réseau de neurones gamma (Γ) est un réseau dynamique à représentation interne explicite du temps au niveau des neurones. Il est caractérisé par sa capacité de mémorisation à courte durée (Vrieset al., 1992) . Mentionnant qu'un réseau de neurones Γ est un réseau à couches dont chaque neurone d'une couche est connecté avec tous les neurones de la couche suivante.

III.4.1 Neurone gamma

Chaque neurone du réseau est doté d'une *mémoire Gamma* comme gain synaptique. Une *mémoire gamma* et un banc de *filtre Gamma* (Figure 27) qui permet de stocker la trace d'information (Vrieset al., 1992) . Plus on augmente la profondeur j d'un neurone Gamma plus il aura de mémoire (KHELIL, 2007) .

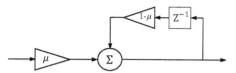

Figure 27 - Schéma d'un filtre gamma

La sortie du filtre gamma est calculée par la formule:

$$y_{i,t} = \mu y_{i-1,t} + (1 - \mu)y_{i,t-1}$$

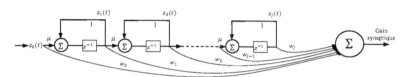

Figure 28 - Architecture d'un neurone de type gamma

Propriétés

Dans un réseau Gamma, il existe deux mémoires, la première qui est située au niveau des connexions entre les neurones. Cette mémoire permet de conserver la connaissance définie lors de la phase d'apprentissage et elle est statique. La deuxième mémoire est dynamique implantée à l'intérieur de chaque neurone （ KHELIL, 2007） .

Le coefficient de régression μ est un contrôleur de comportement qui permet d'engendrer différents types de réponses au niveau du neurone selon sa valeur. On peut distinguer trois cas :

Pour μ ∈]1,2[, le filtre gamma se comporte comme un filtre passe-haut.

Pour μ = 1, le filtre est alors équivalent à un délai simple, et le phénomène de mémorisation est absent.

Pour $\mu \in\ ]0,1[$, le filtre gamma se comporte comme un filtre passe-bas permettant de simuler une mémoire à décroissance exponentielle.

III.4.2   Algorithme d'apprentissage

L'algorithme d'apprentissage est divisé en deux phases principales, la propagation et la rétro-propagation pour l'adaptation des paramètres. On définit les paramètres du réseau: les poids synaptique $w_{kij}^l(t)$, les gains synaptiques $c_{ki}^l(t)$, et le coefficient de régression $\mu_{ki}^l(t)$. L'ensemble des paramètres est initialisé aléatoirement.

Propagation

$y_k^l(t)$ est la sortie du neurone k de la couche l à l'instant t, calculée selon (Vrieset al., 1992) :

$$y_k^l(t) = f(x_k^l(t))$$

Avec :

$$x_k^l(t) = \sum_{i=0}^{Nl-1} c_{ki}^l(t) \sum_{j=0}^{K} w_{kij}^l(t) z_{kij}^l(t)$$

$$z_{kij}^l(t) = \begin{cases} \left(1 - \mu_{ki}^l(t)\right) z_{kij}^l(t-1) + \mu_{ki}^l(t) z_{ki(j-1)}^l(t-1) & 1 \le j \le k \\ y_i^{l-1}(t) & j = 0 \end{cases}$$

Où f est la fonction d'activation du neurone.

Rétro-propagation

Les trois paramètres du réseau sont ajustés selon les équations suivantes (Vrieset al., 1992) :

L'ajustement des poids :

$$\Delta w_{kij}^l(t) = \eta \delta_k^l(t) c_{ki}^l(t) z_{kij}^l(t)$$

L'ajustement des gains synaptiques:

$$\Delta c_{ki}^l(t) = \eta \delta_k^l(t) \sum_{j=0}^{K} w_{kij}^l(t) z_{kij}^l(t)$$

L'ajustement du coefficient de régression :

$$\Delta \mu_{ki}^l(t) = \eta \delta_k^l(t) c_{ki}^l(t) \sum_{j=0}^{K} w_{kij}^l(t) \alpha_{kij}^l(t)$$

Sachant que :

$$\alpha_{kij}^l(t) =$$

$$\begin{cases} \left(1 - \mu_{ki}^l(t)\right) \alpha_{kij}^l(t-1) + \mu_{ki}^l(t) \alpha_{ki(j-1)}^l(t-1) + z_{ki(J-1)}^l(t-1) - z_{kij}^l(t-1) & 1 \le j \le K \\ 0 & j = 0 \end{cases}$$

$$\delta_k^l(t) =$$

$$\begin{cases} f'\left(x_k^l(t)\right) \sum_{j=0}^{K} \delta_p^{l+1}(t) c_{pk}^{l+1}(t) \sum_{j=0}^{K} w_{pkj}^{l+1}(t) \beta_{pkj}^{l+1}(t) & 1 \le l \le L-1 \\ e_k(t) f'\left(x_k^l(t)\right) & l = L \end{cases}$$

$$\beta_{pkj}^l(t) =$$

$$\begin{cases} \left(1 - \mu_{pk}^l(t)\right) \beta_{pkj}^l(t-1) + \mu_{pk}^l(t) \beta_{pk(J-1)}^l(t-1) & 1 \le j \le K \\ 1 & j = 0 \end{cases}$$

III.5 Apprentissage et Résultats

L'implémentation des algorithmes d'apprentissage s'est faite en langage C. comme mentionné dans la section **Démarche**. Une fois le programme d'apprentissage prêt une série d'apprentissage était lancée avec différents paramètres pour le réseau de neurones afin de trouver la configuration qui modélise le mieux notre système.

L'algorithme de propagation a été traduit en Python (Langage de programmation de simulation) et a été intégré comme contrôleur en boucle automatique, de telle façon à lire les informations tirées des capteurs, les propager dans le réseau et servir les sorties comme commandes haut-niveau. Ces dernières sont transformées en commandes bas-niveau (vitesses de roues) avant d'être transmise au robot.

Enfin, des tests de contrôle autonome ont été effectués dans des environnements (espace et objet) virtuels autres que ceux utilisés dans la construction de la base d'apprentissage.

Résultats

Après 2000 itérations en apprentissage d'un réseau *Gamma* à une couche cachée de 80 neurones, 13 entrées pour 13 angles de capture laser allant de 0° a 180°, 3 neurones de sortie pour les commandes haut-niveau et une profondeur de mémoire gamma de l'ordre de 12, le réseau stagnait sur une erreur moyenne sur la base d'apprentissage de 0.08 ce qui dépasse l'intervalle pratique [0.05, 0.01].

Sur les environnements de tests, ce résultat ce traduisait par un contrôle et une esquive au obstacle parfaits durant, environ, une quinzaine de secondes, après, le réseau perd le contrôle.

L'explication de ses résultats revient au fait que le réseau *Gamma* est doté d'une mémoire à court terme (Vrieset al., 1992) . Du fait L'erreur dans les sorties (commandes) du réseau augmente avec le temps, ce qui explique la perte du contrôle après les 15 secondes de simulation.

IV. CONCLUSION & PERSPECTIVES

Conclusion

Notre travail a démontré que les réseaux de neurones dynamiques possèdent une capacité de contrôle, mais notre modélisation du problème et la complexité du réseau *Gamma* ainsi que les algorithmes d'apprentissage utilisés restaient insuffisants pour modéliser à bien le système de contrôle.

Perspectives

Améliorer la modélisation : commandes plus haut-niveau (exemple : aller à)

L'utilisation d'une architecture de réseaux bouclés peut être plus fructueuse

Utilisation d'algorithmes évolutionnaires (AG) pour l'apprentissage

Mise en œuvre d'une méthode hybride : cartographie et localisation simultanées avec contrôle par réseaux de neurones dynamiques.

V. BIBLIOGRAPHIE

Campion B.BastinG. *Structural Properties and Classification of Kinematic and Dynamic Models of Wheeled Mobile Robots.* s.l., Centre for Syst. Eng. & Appl. Mech., Univ.Catholique de Louvain, 1993. (ISBN: 0-8186-3450-2).

Dario FloreanoClaudioMattiussi *Bio-Inspired Artificial Intelligence.* s.l., MIT Press, 2008. (ISBN 978-0-262-06271-8).

ElliottOmidM. Omidvar and David L. *Neural Systems for Control.* s.l., Elsevier, 1997 . (ISBN 0125264305).

G. DreyfusJ.-M.Martinez, M. Samuelides *Apprentissage statistique.* s.l., EYROLLES, 2008.

GageDouglasW. *Command control for many-robot systems.*Huntsville, Alabama, the Nineteenth Annual AUVS Technical Symposium, 1992.

GoodrichMichaelA. *Human–Robot Interaction : A Survey.* s.l., Brigham Young University , 2007.

I. RIVALSL.PERSONNAZ, G. DREYFUS *Modélisation, Classification et Commande Par Réseaux De Neurones.* s.l., Ecole Supérieure de Physique et de Chimie Industrielles de Paris.

iRobot *iRobot Create: Open interface.* s.l., iRobot, 2006.

—. *iRobot Create: Owner's guide.* s.l., iRobot, 2006.

Jasmin VelagicNedimOsmic, and Bakir Lacevic *Neural Network Controller for Mobile Robot Motion Control.* s.l., World Academy of Science, 2008.

KHELILHiba *Application du Réseau de Neurones Gamma à la Reconnaissance de la Parole* . s.l., Laboratoire SIMPA - Université des Sciences et Technologie d'Oran, 2007.

KozłowskiKrzysztof *Robot Motion and Control.* s.l., Springer, 2006. (ISBN-13 9781846284045).

LeondesCorneliusT. *Control and Dynamic Systems.* s.l., ACADEMIC PRESS, 1998. (ISBN 0-12-443867-9).

LumelskyVladimirJ. *Sensing Intelligence Motion.* s.l., Wiley, 2005. (ISBN-13 978-0-471-70740-0).

M. KawatoM.Isobe, Y. Maeda et R. Suzuki *Coordinates transformation and learning control for visually-guided voluntary movement with iteration: A newton-like method in a function space.* 1988.

Mark W. SpongSethHutchinson, and M. Vidyasagar *Robot Modeling and Control.* s.l., JOHN WILEY & SONS, INC.

MilfordMichaelJohn *Robot Navigation from Nature.* The University of Queensland, School of Information Technology and Electrical Engineering (ITEE), Springer, 2008.

NICOUDJean-Daniel *Robots mobiles miniatures.* s.l., École Polytechnique Fédérale de Lausanne, 1999. （S 7 854）.

NourbakhshRolandSiegwart and Illah R. *Introduction to Autonomous Mobile Robots.* s.l. , MIT Press, 2004. （ISBN 0-262-19502-X）.

PandyaAbhijitS. *Pattern Recognition with Neural Networks in C++.* s.l., CRC Press, 1995.

PRUSKIAlain *Robotique mobile - Planification de trajectoire.* s.l., Hermes, 1996.

R.Dillmann *Robotics and Autonomous Systems.* s.l., Elsevier, 2003.

R.Wayne DaviesBrianJ.Morris *Molecular Biology of the Neuron.* s.l., Oxford University Press, 2004, 2004.

Rui RochaFilipeFerreira and Jorge Dias *Multi-Robot Complete Exploration using Hill Climbing and Topological Recovery.* s.l., Instituto de Sistemas e Robotica, University of Coimbra, Portugal, 2008.

SmagtBenKrose Patrick van der *An introduction to neural networks.* s.l., University of Amsterdam, 1996.

StachnissCyrill *Robotic Mapping and Exploration.* s.l., Springer, 2009. （ISBN 978-3-642-01096-5）.

SukhatmeMaximA. Batalin and Gaurav S. *Coverage, Exploration and Deployment by Mobile Robot and Communication Network.* Center for Robotics and Embedded Systems. University of Southern California, the Nineteenth Annual AUVS Technical Symposium, 2003 .

TaylorKyleJohns et Trevor *Professional Microsoft Robotics Developer Studio.* s.l., WROX, 2008.

ThrunSebastian *Robotic Mapping: A Survey.* s.l., School of Computer Science Carnegie Mellon University, 2002.

TreviñoJesúsArámburo and Antonio Ramírez *Advances in Robotics, Automation and Control.* 2008.

VriesBertDe, PrincipeJoseC. *The Gamma Model- A New Neural Model for Temporal Processing.* s.l., Electrical Engineering Department, University of Florida, 1992.

Wulfram GerstnerWernerM. Kistler *Spiking neuron models.* s.l., Cambridge University Press, 2002.

YamauchiB. *Frontier-based approach for autonomous exploration. Robotics and Automation.* s.l., In Proceedings of the IEEE International Symposium on Computational Intelligence, 1997.

YamauchiB.,Schultz, A., Adams,W. *Mobile robot exploration and map-building with continuous localization.. Volume 4.* s.l., In Proceedings of the 1998 IEEE/RSJ International Conference on Robotics and Automation, 1998.

Yilei WuQingSong , Xulei Yang *Robust Recurrent Neural Network Control of Biped Robot* . s.l., Kluwer Academic Publishers , 2007.

ZelinskyA. *A mobile robot exploration algorithm. Volume 8.* s.l., IEEE Transactions on Robotics and Automation, 1992.

Oui, je veux morebooks!

i want morebooks!

Buy your books fast and straightforward online - at one of world's fastest growing online book stores! Environmentally sound due to Print-on-Demand technologies.

Buy your books online at
www.get-morebooks.com

Achetez vos livres en ligne, vite et bien, sur l'une des librairies en ligne les plus performantes au monde!
En protégeant nos ressources et notre environnement grâce à l'impression à la demande.

La librairie en ligne pour acheter plus vite
www.morebooks.fr

 VDM Verlagsservice-
gesellschaft mbH

VDM Verlagsservicegesellschaft mbH
Heinrich-Böcking-Str. 6-8   Telefon: +49 681 3720 174   info@vdm-vsg.de
D - 66121 Saarbrücken   Telefax: +49 681 3720 1749   www.vdm-vsg.de